MALANGUE MALANGA

Wilson Alves-Bezerra

MALANGUE
MALANGA

30 poemas para ler no exílio

Poesia
ILUMI/URAS

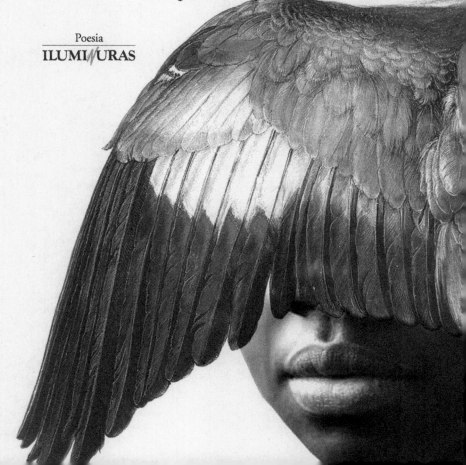

Copyright © 2021
Wilson Alves-Bezerra

Copyright © desta edição
Editora Iluminuras Ltda.

Capa e projeto gráfico
Eder Cardoso / Iluminuras
sobre fotomontagem "O vuelo de lalangue" de Augusto Meneghin

Revisão
Monika Vibeskaia

CIP-BRASIL. CATALOGAÇÃO NA PUBLICAÇÃO
SINDICATO NACIONAL DOS EDITORES DE LIVROS, RJ
A477m

    Alves-Bezerra, Wilson, 1977-
     Malangue Malanga / Wilson Alves-Bezerra. - 1. ed. - São Paulo : Iluminuras, 2021.
    72 p. ; 19 cm.

    ISBN 978-65-5519-090-8

    1. Poesia brasileira. I. Título.

21-70423   CDD: 869.1
                   CDU: 82-1(81)

Leandra Felix da Cruz Candido - Bibliotecária - CRB-7/6135

2021
EDITORA ILUMINURAS LTDA.
Rua Inácio Pereira da Rocha, 389
05432-011 – São Paulo – SP – Brasil
Tel./Fax: 55 11 3031-6161
iluminuras@iluminuras.com.br
www.iluminuras.com.br

Índice

MALANGUE MALANGA

Prefácio Portátil, 7
Wilson Alves-Bezerra

I., 9
II., 11
III., 13
IV., 15
V., 17
VI., 19
VII., 21
VIII., 23
IX., 25
X., 27
XI., 29
XII., 31
XIII., 33
XIV., 35
XV., 37

XVI., 39
XVII. , 41
XVIII., 43
XIX., 45
XX., 47
XXI. , 49
XXII., 51
XXIII., 53
XXIV., 55
XXV., 57
XXVI., 59
XXVII., 61
XXVIII., 63
XXIX., 65
XXX., 67

Sobre o autor, 69

Prefácio Portátil

Wilson Alves-Bezerra

Quando surge um livro? E por que um livro, ao invés do silêncio? Inventemos uma origem para *Malangue Malanga*: nas *Vertigens* (Iluminuras, 2015), há um poema com esse nome, lá pelo meio do livro: uma mistura malandra entre português e francês, sob o olhar e a linguagem de um exilado. No romance *Vapor Barato* (Iluminuras, 2018), há um brasileiro (quem não?) procurando fugir.

Acrescente-se também uma linguagem de James Joyce, Horacio Quiroga, Wilson Bueno e Néstor Perlongher. Como se Oliverio Girondo e Haroldo de Campos fossem migrantes pobres e finalmente viajassem clandestinos. Tudo para fazer um livro de significantes como que em choque, contra as xenofobias e nacionalismos, ecoando vozes dos guetos: a fala em seu limite. Portunhol, spanglish, brasileiro e desesperanto, o que são se não um modo de nomear a fala que escapa? Compreensão é miragem, ante a vertigem ainda brutal. Acreditar apenas na cumplicidade do verso não partido e na sua infinita leitura em voz alta. Pedir emprestadas imagens de Edgar Allan Poe, Federico García Lorca, Pablo Neruda e Allen Ginsberg, mais devaneios de Hilda Hilst e astúcias – ainda outra vez – de Joyce, Perlongher e Girondo.

Medos de quem tenha vagado a esmo em busca de uma quimera. *Malangue Malangue*, em versão clandestina, circulou em 2019 com capas de papelão reciclado, preparadas artesanalmente por quinze editoras cartoneras de nove países do globo – de África, América Latina e Europa – projeto capitaneado pela Multinacional Cartonera, de Gaudencio Gaudério. Agora retorna, em meio à pandemia brutal que detêm o fluxo de pessoas, mas nunca de versos, num livro da Iluminuras. Este livro.

Maio de 2021.

I.

Outra vez, sou seu diário de viagem. You walk silently because you don't speak no one of the national languages. Oranges, apples and blackberry juice. Sua língua lambe cardápios. Seus dedos movem cartões de crédito. Visa que se chama visa. Pantalla blanca. Del otro lado de tu gran estepa verde, steps on another grass, se derrumba el jardín de Disney. Lo contado, en la lengua en que tengo cátedra, vivido con uma soledade desgraciada, en la lengua que no tengo más. El taxista somalí surge de aquí, un negro que no es un perro, pero que se escaperró de Mohamed Hassan Adid. Surgió na boca da rodovia de Calgary. Não é de Magreb, my cab, my life, lo resume todo. A mais interessante pessoa preta. I am here since the ninities. Dear maratonist, running away without Adidas... Mohamed Farrah Hassan Aidid. Look: At Somalia we speak the same language, we pray for the same God, but we are fighting against our brotheres. It's just a war. The country belongs to the people, but the people is against the state. Cuando uno no está en su lengua materna, donde estará? Lamer la carta y olerla, shaking dollars. We are killing each other, we are fighting for nothing. O que somos no sonho do somali? Dame tu mezcla de dialectos, que todo irá sonar distinto en todas partes, y seré tu diario otra vez. Nos abrazamos en la oscura street and nobody knows about estar aquí. Cómo se llamaba el que escapa en cab? Te llamabas pantalla blanca cuando te conocí. Dame swing para apropiarme de tus fonemas, dame palavras lengua labios. Que me duele pensar que el taxista es el nordestino del universo. Dame uma choza para chamar de casa, un cauce para llamarlo vida. Dame tu boca para llamar lalíngua.

II.

O soroche me despacha pal costado del monte. Me duermo mascando folhas amargas. Corazón esparramado na cama. O trem não dá tréguas nas terras da serra. La lana del llama pa Lima, mamita. Mamicas das índias na beira da estrada de Lima. Marmita na bolsa, la puta índia se está chupando el ceviche en la costa, en el culo, en las bolas. Una tiene que sobrevivir. Um cerro bom pra morrer, pra turista que nunca comeu um cuy. Lambuzo meu olho das alturas do monte, esfrego os olhares en el Urubamba. Soy la trucha de las águas frias, que es maravilla, que es marafona, que eres triste, vida. Nunca que eu vou chegar ao mar. Um viento de sierra que cerra meus olhos como os cegos do monte se gelam à cerração. A cabeça que zomba, que zune, que late. Mis ojos serranos cerrados, meus olhos molhados, os olhos do índio no chão. A musa de cabelo abacate dá voltas numa cabeça de coruja pintada. Una moneda, um poco de pão. Um grano de maíz, negro rojo rizado amarillo machacado. Um grão jamais divisado, dividido, dispensado. Hambre. El que pisa seus olhos se lambuza de séculos. La cholita sonríe con aires de feto, con dientes de coca que nunca despiertan. Soy yo el que le clava la clave.

III.

Bienvindo, patrón! Chusto aqui na avenida fica os travestido, as prostituta e os homossexual. Se você quisser tem de tudo para você, e só escolher. Mas justo o polaco nao vai te deixá entrar no quarto, porque aí ele te vai a cobrar mais caro, porque van a ser dois pessoa. E o polaco nao vai te deixar a você a ficar com a prostituta ou o travestido no seu quarto de você. O Hotel Pilsudski está na cidade desde o ano setenta, quando a cidade era tica. Agora que hai negocios por todas parte, eles recebem o dinero dos brasilero, dos paraguaio e dos gringo que vem para fazê turimo. Entón eles dificultan as cossa para vocêis. Verdade que a polacota tinha quase dois metro. Tinham le avisado que ela era gostossa, mas despois que ela abrió la boca, ele non falô nada mais. Dirro que não era polacona, no. Era filha de famiglia que veio fugida des Alemania. Mas que ela sólo sabia umas palavrinha, que a professora de a escola falô que era melhor que falasse bem uma sola lengua que várias por la metad. Mas que ela sabia do alemão, do espanhol e do português um poco. Mas que ela não sabia como es que si escrevia esta lengua que ella falava. E que foram alguns temas que atraparom ela como aquel do Tim Maia, do me gustava tanto de você. Foi este tema que me atrapou e me fez comprar a lengua portuguessa, te digo. Hoje de noite vou cantar umas canciones argentina do folclore nosso. Aqui a gente tem uma festa muito importante que é a festa do imigrante. Sigue hablando la polacota, entre milhares de plantações de erva marte, de madeireiras, de rios boiantes com carcaças mortas, decolo desorelhado, Tim Maia amassa a farinha do pão.

IV.

O culto irrestrito à liberdade encontra um limite na terra onde o chão não é meu, pero se disse que es nuestro. El viento que le acosa a la Isla, cuando se sopla la mona, me saca de quicio, me reventa el alma. Soy el loco que le acecha o seu olho de esguelha. Este país era todo y ya no es nada. Producíamos azúcar y hoy lo compramos de ustedes. Uma lagartixa verde atravessa o quarto, mais lenta que a lagartixa cinza da pátria. As ruínas do labirinto tomaram de assalto a vista en la Habana Vieja. O Plymouth 56 passa rasgando a seda sombria, olhos bebem do seu combustível. O preço do peso é a queda. O mar vomita o mar pela Ilha. Abre sua grande boca o mistério. Patada de mula. Inocula uma pergunta. Un pomo de agua. La lengua cambia mis palabras. Sua boca cavoca minha alma e peço baterias aéreas. Só ofereço meus gritos e não me interessa o sossego. O louco uiva pendurado na nuvem, por um dedo. Um fio de baba que lhe escorre da boca. La luna llena de Cuba, el potrerito cheio de luz. Avassaladora salobra água do rio corre por dentro da fenda suja da minha sede. Um calango na praça assombrando a lua. Atravesso a ilha num barco de pesca com rodas de fenemê, gritando que a diferença entre nós é o tempo de plantar a cana: queimá-la, cortá-la e beber seu sumo. Envelheço num barril contigo: amargo, espesso, fervilho – é o vento que assola o barco. Isla es mar y mundo y más. Quero me afogar na borda, porque nasceu o dia e vou beber o mar inteiro até chegar-lhe à boca.

V.

Topo com vos. Más allén de los 70 anos. Más allén de la corbatillera. Más allén de los muertos en el estádio. Cuando me decí que es la hora, yo topo. Y pienso que es la copa américa. Pero en el estadio hay partidas sin vuelta. El choque. Não estão jugando. És em sério. E no hay partido. El vuelo de los tanques, los aviones en el palacio. Palacios no va a jugar. Hace 15 años que no juega, desde o 99. Alguien me diz, que dizem, são dieziciete. Sem brincadeira. Los palacios em chamamé. A gente pela caje, pelo mundo, pelo mar. E penso: dançamos. Bailamos e nos fudimos. Dónde fue que nos lo perdimos? Allén del sueño, del cambio, quando fue que se tiró el carro al pântano, la bala al crânio, quando se fudió o país e o presidente? Anteolhos atónitos, anteojos: cabeça destroçada, antagónicos, los últimos versos que te escribo, a las cinco de la tarde. Confio que es la hora, pero es la hora de los Hornos. La cordillera tem color ratón. Ratão pelo cu dos torturados, más allén de la cordillera que ainda les vão meter por cu. Choque do fusil, no hay guerra civil, mi general mata a geral, e más allén de e até o Jarra. O meu general não suportava a gente. Mi general quer cacete ao culo. Me pregunto: quem vai ao cu do general? No hay partido y topo com Palacios. Me mira, sus olhos de fuego. Atira, sus balas non doces. Palacios nos tiene fríos. Adónde vamos a irmos, irmãos? Adonde vamos a fugarnos, fugir-nos? Y el presidente parte num caixón. Topo com vos. Quien soi, guevón?

VI.

La integraçõm latino-americana tendría que ser por el portunhol, me decía el cura de Cariacica. Y yo no lho entendía. Lhe preguntaba, le pregunbata y su porca la tuerca torcía. Mientras bebe a onça o agua, e lhe abocanhaba al pernil la bunda, dirro dixit: la integraçom es la contribuçom de una y de otra parte: "ustedes entram com la ón, e nós com la ão. Em el espacio mismo de las discusión, a gente se entiende. Con fusión es que o caldo hay de nascer. Um lenguaje pan-tanino, de la piel de lengua al cuero de las lenguas, un portunhol sin esperantos, sin esperanças, sin demoras." Así dirro dixit el cura. Manifiesto modernista a esas hora? – a cotorra comunista da cacerola em agonía – me lhos pregunta. – Que lenguas habla, la mulata de Maracaibo, la prieta de Santiago de Cuba, el neguinho de Salvador y la polaca de Pomerode? Muy muchas, me contesta o Quixote. Cada um fala a língua que pode, e não se entende mesmo assim. Com as mezcla das mistura, ai sempre algo que se diz, algo que se perde, algo que se gana, algo que se desenganará. Ou es que querei falar em inglês, esperanto e latim, guevón? O maçarico vem do norte, e vai cortando cielos grises y grisalhos. Passarito de lo caraglio, que línguas falará? – A língua de los passarinho. Como lo sabemos desde el niño: que lenguas falharão.

VII.

Afrofalantes disparam advices em la puerta del puerto dessa ida y entrada. Son los reyes del Harlem disfrazados de concerjes. Correm llamas para cada lado, where are you from – migas de frontera – tienen palabras estocadas, men's agem like dogs mean en las patas de los migrantes, hay sheriffs articulados. Farejam coca en la facha de los prietos. Qué se passa de um lado para el otro lado? Palabras, ideas, desejos desire daqui. Willrich se come um sanduíche de shit happens: sempre a procura dum afroamerican terrorist, drug dealer o asshole igual que él. Keep on move, keep on move. Não keepo in that muvuca, brancão. Quer beque to way you once belonga? No fumo. Go to the Radio equis hole. On your fiat, get your hands up. Go open your bag. No tenho beque, no tengo yerba, não tenho brilho, no tengo pepa, Ni papeles, só os livros. Bina trabarrar. Professor, you? Professar la palabra del dios mostaza. Muslim moustache? Mostaza is God to your sandwich de asshole. Willrich no presta su palavra, no libera las entrada. Willrich is kidding, billy the kiddin-me. Pay the bills, sir, or you be arrested under au ar lol. Lol, repetí. Lol. Cool. Y además: Quis my eggs. Non. Me arrastra, me arresta. Cool. Tomé asiento por quince anos y ahora también soy afrofalante de la migra. Next mundo can. No los dejo passar, no los derro, los desterro.

VIII.

Não as cores aceleradas nas telas nem os altos cuspidolores de sol, mas o frio envaidecido das tardes; o molhado triturador de ossos nas esquinas do Rio Hudson nas frestas do seu pescoço. Não as pegadas de um dinossauro árabe na virilha da sua estátua da liberdade, mas o frio do seu corpo nu, mais erótico que o raio x do aeroporto dos quakers, sua orelha em chamas. Não a liberdade e sua sombra pelo alto muro do homem codorna projetadas, mas o frio que se filtra no largo beso de Domingo y Alba, poucos antes da deportação. Não a Marilyn suada, suas tetas lambuzadas de Kennedy, mas o frio de um corpo triguenho entre oceanos sepultado por um negro qualquer. Não a heroína que ferveu o ghetto, colheres e testas borbulham, mas o frio que exala, numa rua de Baltimore, on the living body of Edgar Allan Poe. Não o corvo exaltado, plumagens negras e titica sobre a pele de Palas, mas o grito, sempre o grito, rouco, robusto, que vem do Leste da Ilha. Não a dança da bunda, Guantanamera entre putas, na Baía dos Corpos, mas o vácuo frio da garrafa vazia de García Lorca. Não a morte dos Brothers Castro, bombas, charutos e guayaberas made in USA, mas o frio de um míssil, apontado ao baile dos selenitas isleños. Não. Ginsberg andou por aqui, caçando ginger ale na gôndola do supermercado, shaking hands com minha caveira inchada. Não sinto frio em seu refrigerador. Nevermore.

IX.

Sulamita cruza o rio grande, sand, sunny lands, diego aguante.
O seio erizado a roça desabrocha desablusa, desierto sur suores
chupa, sul amici lands. Não existem mais the nort americans,
los musulmanes los latinos somos tus nuevos marroquinos, Liao
Dixit, filósofo chino de la nueva york yankee. Podemos ter um
hijo alto, tener dos filhos médios, ou pedir pelo número. Com
um gesto, apilar los muertos em apartamentos e nos cemitérios
os vivos. Ora pro nobis sorrisus. Estadunidentes já não mordem.
Cubanos modelam camisas color goiaba. Além do limbo a
bala. En la bodeguita te buscaba. A la yegua mía en el carro
de Faraón te comparo, noite adentro, te sufro sulamíngua, te
abraso, Sulamisma otra. Entre cañaverales, chupándose os cachos
de pasión e ira, repisándose las brisas, your eyes in my soul. No
existem los norte-ameriscambos. No more amores, hay moros
en la costa, Sulamina sube, San Diego baja, wasted landscape.
Tu piel salpicada de sois, tu boca ébria y ácrata. Álame sobre las
waters, fallow me bajo las sábanas, súbeme deseos de sur y ser
y sal. Y vámonos de aquí. Corre, beloved yegua, que así no te
pegan las balas.

X.

Na rua dourada de repente estava minha presença indecisa, difusa como o furta cor da camisa, caminhando entre a gente reaça – da escolhida raça – topete, gumex e séculos de opressão. Minhalma mulata tropica entre poodles. Decretos contra o noodle dos chineses, o beiço dos beiçudos e outra vez sussurro: onde está o muro de Trump? Flocos de neve cinza sisudos contestam: Fora turcos, ursas, negros, latinos e opalas! Fora daqui, ao longe, ao fundo, a Cuba, ao Hades! Thank you, my Lord, for this Thanksgiving. Let's eat the turkey and fuck the chicks. I am proud to be a man, to be white, to be rich. I am proud, my Lord, of not drink red wine, but whiskey. I believe in God, in corn, in porn, in Jesus. I don't give a shit for the poors and inmigrants. It's all the same and I really love turkeys and chicks. After all it's all about postmodernism. Amen. Amen. Hey, man! Era a sexta, era a quinta avenida, minha presença passava assustada. Procissão de malas por milhas. Quem liga os leds da Ilha era a Nike, era a Virgin, era a Disney? Era a sétima e cada fome dormia soterrada na erva, na neve, num táxi. Procuro uma vela ao vento dos mares, um malecón de melhores presságios. Não é possível sair: alísios não levam indocumentados, adverte Willrich. Pastiche de Chip's congela sem lábia, acendo um puro entre putos na Central do parque. A selva celestial descomuna-me, um maconheiro do Harlem surge. Avançava contra o fluxo e era muitos, sua pele refletia as Twin Towers. Não cedia espaço à buzina amarela, à europeia só pernas nem aos ternos e pastas. Gingava o não-garota da não praia e cada chicano de balcão e guichê se exaltava. What? – perguntava ou antes não dizia nada. Minha discoteca de dúvidas já não soava. A neve arrancava calores da pele. A guerra de que todos sabíamos. A bombas de espera. Síria, Sonora, Afeganistão, Paraisópolis; depois Rússia, Irã, minha crina, para terminar em Cohab e Coreia. Têm sorte aqui... o chão nunca racha nas ruas da nova Iorque. A galeria do reggae lança gritos a Montego Bay – tristeza, maconha e pão caseiro. Outra vida como está não tem, os passos que vem se afrouxando, a sola desliza sobre a neve dos ratos. O peito é repentinamente tomado de susto, orgulho, escárnio. Mergulho nas ancas da estátua e rebolo. A pulsação se espalha e cada prédio ginga. Finalmente encilho o cavalo de José Martí. Não tem mais ninguém aqui... e outra vez respiro: because the grave, because the grace or my disgrace.... There is no more lordes. O chão explode ou não explode? Nenhum calhorda que me fareje, que me escaneie, que me avalize. Uma terra sem signos se arreganha ao infinito. Meu coração, sunflowers no veludo dos anos idos. Minha beca precisa, minha boca imprecisa, I am finally nigger again.

XI.

A Mono Ilha língua-me. De qual tupi caraleado você tá falando? Quem tem um amiguinho de outro país, a professora não sei se quis, mas não deu alternativa. E uma outra língua, quem já, quem nunca, quem dá, quentura... Professora, mas a Bolívia é país? Com todas as mudanças que já aconteceram, mesmo assim, cada dia mais teremos só uma língua pátria. Fala português, caraleo! Hoje é o monoday, o roledei da monolíngua caralea. Pónganse caritas de monos, bolivianos, peruanos, africanos e amarelinhos de olho puxado. O mano dizia: seus arrombado da porra, eu falo é língua geral! Fazer revolta da vacina, comer escalpo dos brocha municipal estadual e federal. A professora montessoura freiriana eclética sincopada sem pinto repintia e o cu temporizava: a pátria patraz, nunca serão, oremos a oração: creio em pais deus, gordo escamoso, arrochador de virgens na peia, arregaçou, matou, morreu, ressuscitou e ainda tem uma fucking church que cobra uma baba, a mais, a men e cada uma de nós paga e cada uma de nós arrombada, e cada uma de nós manipulada fudida enrabada. Mas um day adia adieu ainda: sem rabisco no muro na calçada no livro na tela na favela, sem escrito em nada nenhum. No man's langue.

XII.

La lengua la santa la menta. La vela la muerta la tumba. La abuela la cruz laquê-ma. Fermez la bouche la langue la mouche. La buela cora zón no para. La tía cora cornalina. La madre cora som bandido. Las mil horas mil hojas son baldías. La luna oh Lia sangre. Cala noche pesa dela e minga. Maga Pata lógica ha los place plícius. Pizca huele bizca ojos pálidos. Mor ciega mor ango mor tero. Mor alpes mor tejos mor tales. La ve seis, la ve cinco, no la ve más. Celos fue. La tierra l'otra ganta. Lá civa lá crima lá craia la gringa. A la crán a la zán al a gito. La gi tana su tana mi mana. La titud, lejos mud, anti radar, limbo. Donde estai, gringa. Le sale babear, dejame lamer, dejame babosear. Chatear con vino, con venia, con valium. El mundo sin lengua. Vivan los tábanos, los álamos, los cólicos. Viva la vivalma, viva la negra leyendo, el mini capitólio del libro de la little cema. C'est moi en marabá. C'est toi em Tarapacá. C'emos sola y soul man, en la tierra del happy handy – craft. La murga la curia la lady vina. La fiesta o la réstia de sol en my pri son? A la mar al muro, amar o murro? La con fusión de vuelta a volta. La menta de la santa y lengua.

XIII.

Hay silencio en el habla de los bocarrotas; o pior do amor passou; hay ausencia en el país de los Anjos. La impossibilitude, impossibilitarde, a impossibilimensa, rezo de la imposibilicrença, a impossibilitad, a vontade, a impossibilimassa, o impossibilicâncer, o impossibilivento, o impossibilipasso, a pneumoembocadura da boca larga y larga, la lluvia na impossilitrança da cabelaria, a possilicavalgadura, a impossibilivaga carga de árduos fardos faina. A impossibilirápida, a impávida, ávida, a avulitocatifuga, a impossibilitura, a impossibilimétrica impossibiligrande, a impossibiliglande, a impossibilifarte, a carta ao impossibilimedo, el secreto de la impossibilialma. A reiterativotarde, a carne impossibilimorta, a ordem dos impossibilipadres no receptivo voo das agricolivespas, nêsperas, sucolifrutillas, sorvolicúbicas, as impossibilitúrgidas tetolipeitúfidas, as mênstras, impossibilimúltiplas, avicolivúlvicas, apetitibilimúltiplas fagolicêndias impossibilichúpiras châmulas vulvítreas. Y sigue el silencio de los Anjos en la boca podrida de los boquirrotos en la niebla de uma tarde morta.

XIV.

Acorda em meio à madrugada muda. Uma orgia de silêncios tranca a trinca de nascer da labareda solaz. Janela afora aflita aflora uma sirena urbana, una sereia humana, que trina o apita o llora del otro lado da rua, la frontera seca de la rua que cruzo, com la mirada, com la manada uruguaiana, com la lamuria, la lação y le digo Señora! Sinhora non, senhorita mia! Tuteame, voseame, baboseame, manoseame que sola estoy de este lado, cariño. Calambres calamares celulares celestiais. Os corpos, los cuerpos, the bodies, tienen partes lindas, partes tristes, partidos perdidos, partidas programadas, países muros ciudades divididas, invadidas, compartidas, desiertas, deseadas, escamas de la virgen mínima. Seu canto me atiça para o lado outro lado da frontera seca. Formigas em Artigas pican em portunhol, as baratas de Uruguaiana por la mañana embaralham as falas na gaveta da señora señorita mía, que faze bilingues marmitas para os que puedan comer lá. Tristeza en la cama, um maremoto um terremoto um mato perpétuo um moto, feijão arroz batatinha e uma mistura proteína, uma carne uma sentença, una porción de paciencia, fría y cruda, uma loncha de sorda-muda-língua. La senhora quer-me saber again, entre escama y teta, entre la cola y o colo, entre carne fria e piscosa e a plêiade de calores calambres gozosos. Me chama e queima que voy. Todouvidos novamente uníssono Uliço-a. Uísque-se na fronteira, me lo dice. E boi, boi, boi, de que se cara preta duerme y come, ser again tu home hasta nomás poder, aqui jazz um afeto. Mergulo-a.

XV.

La cálida y ardiente caña. Lacanha mi pasto verde. Lacaña del chancro. Lacorta laquema latoma. Lacera o sin toma. Borráchalo goma. Lá cálida férvida atómica chama de la caldeira. El chancro el llanto o espanto. Champanha de chanto. O tiempo que mueve las folhas las hojas las páginas de la caña. Sonido de sombras adiadas. Sol sobre o solo, sólo el sol en el sobre sin carta. Sólido quemante, aguarrás, agua-furtada, aguas calientes, aguardentes, aguardar, aguantar, aguássima, aguas abajo. La mar que se agita nas folhas ventadas de lacanha cortada. L'amare adiada estación de sirenas. Lamismamar em desierto. La mar de muros de murmurios de mármol de memoria. Lasolas debiendo. Olas de aliento. De laberintos de folhas cortadas. Fólios folículos. Infinita serpiente roja, granizada, lalama lallama desdibujada. O sumo o bagaço o baguço la cera. El que te leva te lava y quema. Te cruzo temores temblores te pierdo. La caña me consume. Tus vientos de mares de can que me cubren de carne la carne.

XVI.

La húmeda lengua del deserto; a língua fria del inferno; lalíngua materna do mamilo, lalangue lasciva dos senderos que bifurcan. Ya no vive acá el poeta. La sombra del general nos prohíbe decir que te quiero. Exiliados. La lengalenga langue. Lúbrica lámina. Lengalenga lejos langue lingue. Longe demais para volverecer. Flora demais para semente mínima. Cacho multifruta néctares beijaflorexílios para cajitas de tangue. Explode a perdigota mina na sola da inquieta face do pé, rapé, olho de vidro e prótese peniana. Explode a homozigota espirra mítica da nacionalidade anfíbia. Explode o hinacional internacional sociamínima. Sabiás vão indo, explode Kombi caveirão, o tanque, el pecho anguláceo, el orgullo de la pátria apátrida, la esclavitud de los índios, filhos criollos negros prietos. As minhas brânquias na terra imensa, pelos patas pingos. Saravá Sereia Saionara Saliva. Las apuestas postas na eleição de quien, un hámster, un gangster, um estadista. Las apuestas ruleta rusa, tiros en las ideas, dívidas, dúvidas, dádivas. La vuelta que no principia. Um siglo que se acaba, um siglo que se tarda. Se acabó: la fartura, a fratura. La factura: fíbula rota. Hablá con com vicción: Lalangue no mangue da míngua.

XVII.

O olho del ojo de los eyes. Bleeding vinte days at nowhere. De los ais de Lausanne de los Andes de los Álamos. De donde avance a língua de fogo del sangre of my final judgement. Ninguém será culpable de nadie, nobody is um naco de pátria, everybody is um punhado de exiles, de maravilles, de adioses y aires libres. Jesus is um coyote, es un cohete en la boca de milles days and away. Jesus is um círio sangrando em manos afegãs; ela da Venezuela da favela do canavial. All of us fora de lugares. Rosarios de pesares, nightmares navegados sob olhares islâmicos ilhados do outro lado de milhão de barcos de refugiados. And we never give up, Andes nievan pasados, antes berros que ocaso, habrás de seguir pues we never give up. Adonde no hay nada, aonde os ais são as olas do naufrágio. Cantará a maré ao revés do barco mais uma vez más, girará entre o preço do passe e a peso da pressa. Girará loca ante un estado fatal, ante un estado terminal. Antes la nada que um país asesino. Mejor la mar que la muerte inerte, que el ressorte de la pistola sin piscina. Finally almost a human being. Finally a ghost y un gusto a partir.

XVIII.

Al fondo de la choza, a las orillas del rio Riverside, uma asa de graúna, blackbird, passo preto, flota no fundo do topo de uma árvore de fruta pão. Toda reflexiva, a jaguatirica cisca cabeza abajo mirando céus, galinhas de olhos súbitos, ardentro acurrucados ronronam yaguaretés. Mammals amores freund joy and a kiss in xis neck. A graúna pica no topo da cabeça mas só quem lambe morcega a barriga do exilio é o mamífero implícito num juriti ancestral. Você quis aparecer y no te pude ver. You gave me bissous, contra a luz, e na foto não estamos visíveis. Cuando pasen los años, quando vazarem os rios. Foi entonces que no fim da tarde, do ocean mar a beira river, Tenente Horacio no peito atira-se, the left side, e folhas avulsas revoam, atiram-se do juriti jaguaretês. O cuerpo atira-se ao mar também. Salobras sombras do seu voo, revoo de folhas e de urubus. Au revoir los pájaros, flotam as folhas do tempo y la prima y avulsa pena de árbol. Tu cuerpo de un balazo clavado filtra el sol y flota. Una amazónica y silenciosa tarde arde en las entranhas del muerto. Y vos et moi and tutti les animaux en la única civilidade available: lenguas enlazan respuestas.

XIX.

La qué es un trozo de pregunta, la qué es lo que queda cuando se va la esperança o se anuncian caracoles omphalos discos luas. Su gran cabeza, su cuerpo delgado, la cu de la qué es un nueve que no se pudo mover, no se pudo acostar en la cama de hojas de la trama de la página. La u de la qué y la e de la qué, qué es lo que son? Qué jamás van a ser? Qué, que lo sos todo: clave bisagra sudores sunshine sumários olho d'água. Delira desliza no lodo da errância e as canaletas da espinha. No tobogã de um what se bate, no súbito a de um quoi a gritar, se a sombra se arrasta se em brasa. Lo circular – qué – la duración – qué – retumbante – qué – la trampa hacia las olas – qué – Asias de sombras para perguntar – qué. Todo que no se sabe lo sos cuando sabes a ofrenda. Tu cabeza es un ojo, miolo, me acecha da cerca, mientras duermo y me asombra. Uma onda de qué. La qué que ergue ante a lumina a dúvida a súbita a inerte, num monumento de escombros. E sai o sal da saliva, e salgo yo da llovizna y tudo um mar bravio de qué.

XX.

É o fim dessa lenga língua, da litania, do miserere da matilha, da novena, da dezena, da centena, da milícia. Celebrai a inutilidade da poesia. É o fim, hoje que a polícia matou Ricardo, com dois tiros, na frente do pão de açúcar, na luz cinzenta da tarde. Hoje, sim, hoje, dois tiros, no en legítima defensa, not in the War of Irak, but in my place. Matou com rapidez, no peito, com dois tiros, não no passado colonial, não no monte de açúcar que se chamava pão, nem na senzala, não. Na Mourato Coelho, a da elite descolada, não a do bandeirante com os vinte mil índios na corda. El libre policía, nascido no Capão, livre, free like you, like me. Mas Ricardo, para que passear com o papelão reciclado, se nem o poema ao lado te enxerga, de hoy hasta el fin de los días, vano afán, ciego sordo y sombrio, c'est la fin des haricots. Da picada. De la flor. No hay pinheiros em Pinheiros, Ricardo, como sabes. Aca es território alheio. Não seu. Que vengan los turistas a pasear al safari de los prietos, delante de la pizzería, cerca del mercado burgués. Venham todos vocês, los que puedan, los que quieran, ya no existe este país. Ya no es de nadie, não é de nada, já não custa nada este país.

XXI.

En este local y en todo el distrito de Miraflores está prohibida la discriminación. Saca la mano del claxon. En esta obra está prohibido silbar o acosar a las mujeres. Respetemos a las normas. Hoy será el mejor día de tu vida. Mañana también. Lo estamos filmando por su seguridad. Regula tu alarma, evita la multa. Jugar en exceso causa ludopatía. En Starbucks nos preocupamos por tu seguridad: Cuida tus objetos personales. Recuerde que está prohibido ingresar en estado etílico; ingresar con paquetes grandes; ingresar con animales; comer, beber o fumar en estaciones y buses; ingresar con objetos punzo cortantes y/o armas de fuego; ingresar con material inflamable y/o explosivo; comercio ambulatorio; usar una tarjeta preferencial que no le pertenezca (Será decomisada y bloqueada); usar patinetas dentro de las estaciones. La empresa se reserva el derecho de suspender en cualquier momento la venta de bebidas alcohólicas si el cliente presenta signos de embriaguez. Esta obra NO cuenta con licencia de edificación. Por tanto, infringe la ley. Somos libres? Miéntele al censo. Fujimori nunca +.

XXII.

No saguão de um feijão, aeroportos no prato com bacon escondem estilhaços do homem bomba do ano. Duzentos museus muçulmanos com vítimas mutiladas atacam em sincronia fina, fixa, traseiros de chefes de estado. Em meio aos tiros, inocentes sírios atiraram terroristas no chão da fábrica. Um presidente latinoamericano se arrancava dedos para ter a impressão de Guernica na alma. O Estado Islâmico, consternado, falou na ONU: nosso inocente e exilado sono é culpa das crianças pobres de lá. Ferimentos à bala, no meu lombo, ferimento no ombro à faca, ferimentos na pupila da família emigrada. Um cão pastor professa no aeroporto londrino em busca de cocaína ou bombas na mochila das mulas colombinadas. Um cão infernal parisino cheira as tetas da brasileira por armas, mísseis, leites e a verdadeira ameaça da moça humana. A gente vai de mãos dadas, garganta adentro, e lá estão o ovo frito da melhor qualidade, a linguiça que dava pena, tinha uma lasca de bomba, uma sombra de grito, uma gota de bala no rabo de um inocente Charles. Davam tiros davam ovos davam mijo davam sombra que não davam em nada. No saguão da salsicha uma bicha brasileira terrorista muçulmana preta era currada, em nome da segurança nacional. Pelo cassetete da Rainha não salva, todos os policiais serão sempre inocentados, centauros, teteias.

XXIII.

O corvo de Hannover indica: seremos nacionalizados (ao cabo de setecentas bombas quicando entre mísseis). O corvo de Hannover pondera: não haverá mais guerras (além das necessárias). E o corvo de Hannover ainda diz: nunca mais. E faremos muros, se preciso corvo. A minha visão e o milho florescem e as mais vermelhas frutas e as mais suculentas trutas e os mais rosados salmões. Estamos todos no centro da ilha e essa gente de pescoços líricos, altivos e lúcidos se dá as mãos e as línguas germânicas contra as línguas eslavas. Um pouco de sangue lava a Hauptbahnhof na hora da merenda. Mas mãe, cadê a ferida da bala? Se agasalha, meu filho, e pega cinco potinhos: um para a grana do pão e outro para a grana das almas, um para a grana da anfeta e outro para a grana das almas, um para a grana da pinga e outro para a grana das almas. Mamãe quero ser punk em Berlim mas o corvo de Hannover não era o corvo de Viena não era o corvo de Paris não era o corvo de Praga e o guarda me falou que não são seis estes potes de esmola e no Brasil não há corvos porque carcará não deixou nada. Vejo lindos dinossauros no porão, nos dormentes e o fiscal principia a inspecionar os vagões. Nunca estiveram nas fábulas os estrangeiros do trem. Bicava um olho do filhote o mavioso preto cego patriarca. O grande soco inglês reverbera mais uns ossos cidade adentro, da sonata de beethoven para pedrada e faca.

XXIV.

A tua língua verdadeira estrangeira. A tua beira de boca ejacula fermenta inocula e o chão que rebusco não me rebeija os pés. Opilý, Milene, cizí město, releva-me ao outro lado, o rito do curso da mera morfose, do automático golem. Portálova zena, touzil po krizení. Nadava pelos rios da ostra austra e nada conforta. Limbo de lebre no gelo. Pelo eriçado, corça ante corpora, nódula névoa. Cukru stromu, anseia o que escreve, assombra o que excita, interdita. Zakázané dvere. Quando eu for a lembrança sua, haverá outra trava, outra guarda, outro canto a esses corvos. Haverá o que levar ao outro lado. Práva, práni, prekrocení. Passem os rios ante o passante. Vschni budeme mrtví. A tua única voraz e imaterna língua, prelozit me. Insistir ao fogo perene é preciso. Odsouzeni k tichu não mais. O seu rosto esquecido, o seu vestido a mover-se na praça impressa de Viena da primeira carta. O fantasma que serei há de escrever-lhe: vrána, a sina, a ruína de insistir. Ser o seu açude em Ravensbrück, sua saliva. Leito, suspiro, dopisy do vetru. Tudo o que não se pode compreender. A tua língua verdadeira estrangeira outra vez.

XXV.

Automáticos portugueses brindam garrafas de água francesa, bolachas espanholas, refrigerantes norteamericanos e azeitonas nacionais. Na linha vermelha, o penteado moicano, o ponteado nacional, a ginga ancestral de índios e pretos faz o ébrio mulato gritar e dizer: Ei, favela! Ei, aí alguém sabe o que é favela? Alguém sabe o que é cocaína, o que é a guerra? Como há mil anos dorme-se em Lisboa, nenhum gajo responde, estrangeiros muxoxos no comboio, na doca, no cais. Descem eslavos, suevos, normandos, celtas e sírios do autocarro e partem ao silencioso bairro do Chiado. Ao chegar, a escrava branca como as metáforas de brancura do Góngora, Capitolina, automática rapariga portuguesa, repete a fórmula e ignora a malícia feita água ao cántaro, o sorriso, o bom dia e a fala do timorense que chega conversando à pensão. Os códigos de Óbidos, da Galícia e da polícia são sempre aplicados a quem contraria os ditames de Cristo e Salazar, melhor lugar não há que o da obediência, diz Carpintolina no pasto inculto da Pensão Marisela. A menina sueva não passa do bom dia, não passa da porta, cheia de pretos de Angola, brasileiros da Bahia, e malandros do senado. A menina sueva vai embora suando no calor que quer ser tropical do país que não conseguiu ser luso e continuará tentando por mais alguns dias, antes de ser anexado pela Catalunha, que o vai pegar à unha, como um toureiro sevilhano até tudo se arrojar ao mediterrâneo mar. Desolées marujo, começa tudo outra vez, que tem o dia do negrão, e nem tudo é boé da fixe a si.

XXVI.

Se alguém tentar alguma gracinha, na rua do ouro, não chega vivo ao igrejão do Vito. Tem tanta armadura e lança que não tem limpeza de pele que resista à graxa e tanta é a chuva ácida no temporal de Praga que soldado põe armadura e ainda leva guardachuva e capa. É foda o casco de metal, e mais foda é o cavalo vir lhe quebrar, e o Deus impedir você de comer a polacota amada, a galega, a fada ou o elfo da lenda eslava. Deus é foda de deixar tanto pato, tanto pomba, tanto faisão, tanto frangão, tanto peru, tanto cordeiro e tanta lebre sendo servidos enquanto a armadura já fode com sua barriga inteira. Que se lasque. O arcebispo da cara de peixe é que vai morrer aspirando a merda que ele soca para o fundo do cu dos tchequinhos, porque os manos da tortura já formaram comigo e vai ser tanta bosta pelo funil de porra que ele vai engasgar no inferno. Não vou deixar barato. E vou botar fogo nesta porra toda, porque quem precisa de ferreiro, contrata. Quem não precisa, espera para saber o que acontece. Em geral, é que o arcebispo professa sobre os esqueletos de cavaleiros, o comerciante e o povinho. Que o arcebispo quer cantar as glorias do elixir das lutas, do zebu confiança e do Ferreiro ferrolho, e diz ao vulgo que há de pagar com dobrões metálicos, que tudo o mais lhe será então recompensado e salvo e na moda. O latim da missa já não alcança pessoa, o alemão dos judeus da moda, o tchecão dos eslavos sobra, e o negócio é não falar mais língua nenhuma, é só fazer o chicote triscar para fulano dançar miúdo. Assim se constrói um reino coeso e se deixa o Kafka do tamanho que ele há de ser.

XXVII.

Entra sem perguntar na igreja do Alvor, porque é a casa de vocês também, é a casa de todos, diz o lenço sobre rugas do Algarve. Reza de cuecas um pai nosso sem crença. Limpa ao menos seu suor no banco, amassa o pó no genuflexório dos pretos e confessa não saber pecar. O deus dourado gira no altar do Alvor. Gira a pomba e se seca no seu sudário. Repete um rosário sem pressa, pé ante pé o sol escaldante vai se chocar com Ceuta, até que o anjo português venha, caiado com o pincel dos mouros e lhe diga em árabe as coisas que você já sabia há tempos. As escutas no confessionário se conectam à vela eletrônica. Os ossos no armário das bebidas, o cardeal cabeça de peixe, a virgem viúva e o homem ventura, tudo se afigura sobre sua cabeça. O pai nosso excita os morcegos do Alvor. Era tão bela a ideia do deus, era tão densa a cortina do incensário. Eram lindos no equinócio os miráculos. Uma roda de pretas me prega sermões pela nuca, uma corda de brancas suas ancas que giram. Vai dar no banheiro um pio, que a pomba rolando e sorrindo com a boa nova. Vai dar na vila a nova, vai pôr à prova não a fé, mas as pedras da comunidade. Giram deuses, morcegos, azeitonas e os covardes querem ainda o antigo culto.

XXVIII.

Lascivas agitam-se sobre a grande maré dos textos as mãos que não retém o que catam. Há um corpo alvo, boiando na correnteza, ante o assombro que o prisma, e logo vai ser esquecido. Entre as letras, lamento, não se pode ser um sábio, dizem as visões que assaltam. Lendo este corpo em braile, já se sabe, e logo se esquecerá. Tudo há de perecer tão jovem, como os jovens camonianos que contam suas sílabas, rebuscando a aliteração. Tudo há de aparecer tão velho, seus primeiros versos deitados fora, na prateleira dos lançamentos. Tudo há de padecer lamentos de quem já soletrou e é triste. Tudo Hades aparecer sem mitos. O limite das gulosas bocas ante o verbo ínfimo e impessoal. Il y a. O grão que não nutre a fala. Um ganido no falo apertado não se fixa no que se tarda. O papel rascunhado é de quem. Ao medo, ao segredo, ao degredo, nem jornais mais bastavam. Tintas da madrugada, impressas em popa e mastros. Não haverá mais farol ou radar, para alumiar, o que esses olhos trafegam à passagem de um trem.

XXIX.

Quinhentos anos de trabalho forçado, pele esculpida a látego, e depois da alforria o contrato de fiscal de cu. Convidou-se a deixar a cidade, a unidade, o reino, e foi plantar laranjas no Algarve, despois de cruzar o mar oceano a nado, a nada, ou quase nada. O mar imenso e recoberto de pó; areias do mediterrâneo nos olhos, sangue pisado vomitado do atlântico. A sardinha não entende as águas, e o cristão do degredo há de ter fiscalizado o seu cu: não trabalhas? Lugar de preto é na pedra de mó. Quem é sua família acá nestas terras, pois? A vida de molhar o pão que o diabo amassa com o suor do rosto que se cortara na lida. Plantar o grão, recolher laranjas e ao cair da foice noturna, ver as hordas de piratas de papoulas, mouras mascando desejos sob a burka. Al Mutamid se inquieta. Estaremos ao futuro mortos, os impérios hão de ser cocô e pus, a luz de Al Gharb um borrão de imagens de antanho, de Bizâncio, de Al Aldalus, só restarão o desejo do olvido. Dejetos e destroços que no mar se vem e se vão. Cabeças de imperadores serão assadas: como batatas, como sardinhas. Quem as comerá? O preto da pele curtida, que se lesma ainda do último dia, há décadas, em que deixou a casa, saberá que a brasa funda a história. Deus por mim não olha, na noite, no campo, nem meus olhos ele pode ver.

XXX.

Graça pergunta se é exílio, degredo ou refúgio o que faz o marujo preto girar parafuso, cantando-se ao mar. Se é sotaque ou batuque o que torna incompreensível a escuta ante as misérias no cais. O migrante responde certeza, memória e uma pedra de mó. Nenhum português usa uma camisa mais de cinco vezes, ele ensina. Vivo com pouco, viveria com nada. Uns carapaus pescava e os dividia com os gatos. Haveria comboios no arroio para o peixe vomitado chegar ao Porto no hotel del Rei Dom Preto Segundo. A cantilena lusitana dá pano para a manga da camisa rasgada. O preto roto migrado vai se mostrar disposto, vai cobrir o rosto para não ser deportado, para não ser levantado em suspeitas vãs. No fim das contas era só psicose, o mar sem cardume, o sol sem seu lume, o poço para saques d'água no banco. O hard disk lacrado, enviado à Bahia de Todos os Santos, para descarrego. Graça se pergunta se a mente é imune à maresia, se a nostalgia é que funda o recôndito do homem preto que só queria atravessar o mar de longe, para além do medo, e encontrar pela rua a moça bela e branquela que não tivesse vergonha de lhe tomar da mão. Graça não sabe não.

Sobre o autor

Wilson Alves-Bezerra (São Paulo, 1977) é poeta, tradutor, crítico literário e professor de literatura no Brasil. É autor das seguintes obras literárias: *Histórias zoófilas e outras atrocidades* (contos, EDUFSCar / Oitava Rima, 2013), *Vertigens* (poemas em prosa, Iluminuras, 2015, que recebeu o Prêmio Jabuti 2016), *O Pau do Brasil* (poemas em prosa, Urutau, 2016-2020) e *Vapor Barato* (romance, Iluminuras, 2018). Tem livros publicados também em Portugal – *Exílio aos olhos, exílio às línguas* (Oca, 2017), *O Pau do Brasil* (Urutau, 2018-2020) e *Necromancia Tropical* (Douda Correria, 2021) – Chile – *Cuentos de zoofilia, memoria y muerte* (LOM, 2018) – Colômbia – *Catecismo Salvaje* (El Taller Blanco, 2021) – e El Salvador – *Selección de Poesía* (Secretaría de Cultura de San Salvador, 2021). Publicou ainda os seguintes ensaios: *Reverberações da fronteira em Horacio Quiroga* (Humanitas/ FAPESP, 2008), *Da clínica do desejo a sua escrita* (Mercado de Letras/FAPESP, 2012) e *Páginas latino-americanas – resenhas literárias (2009-2015)* (EDUFSCar / Oficina Raquel, 2016). Atua como tradutor literário: traduziu autores latino-americanos como Horacio Quiroga (*Contos da Selva, Cartas de um caçador, Contos de amor de loucura e de morte,* todos pela Iluminuras), Luis Gusmán (*Pele e Osso, Os Outros, Hotel Éden,* ambos pela Iluminuras) e Alfonsina Storni (*Sou uma selva de raízes vivas.*

Iluminuras, 2020, com bolsa da Fundação Pro Helvetia e Casa do Tradutor Looren). Sua tradução de *Pele e Osso,* de Luis Gusmán, foi finalista do Prêmio Jabuti 2010, na categoria *Melhor tradução literária espanhol-português.* É professor de Departamento de Letras da Universidade Federal de São Carlos.

CADASTRO
ILUMI*N*URAS

Para receber informações
sobre nossos lançamentos e
promoções envie e-mail para:
cadastro@iluminuras.com.br

Este livro foi composto em *Garamond*, pela *Iluminuras* e
foi impresso nas oficinas da *Meta Brasil Gráfica*, em Cotia,
SP, em papel off-white 80g.